curiosidad por

LOS GIGANTES

I0867177

POR GINA KAMMER

AMICUS LEARNING

¿Qué te causa

curiosidad?

Curiosidad por es una publicación de
Amicus Learning, un sello de Amicus
P.O. Box 227,
Mankato, MN 56002
www.amicuspublishing.us

Copyright © 2025 Amicus.
Todos los derechos reservados. Prohibida la reproducción, almacenamiento en base de datos o transmisión por cualquier método o formato electrónico, mecánico o fotostático, de grabación o de cualquier otro tipo sin el permiso por escrito de la editorial.

Editora: Ana Brauer
Diseñadora de la serie: Kathleen Petelinsek
Diseñadora del libro e investigadora fotográfica: Kim Pfeffer

Library of Congress Cataloging-in-Publication Data
Names: Kammer, Gina, author.
Title: Curiosidad por los gigantes / Gina Kammer.
Other titles: Curious about giants. Spanish
Description: Mankato, MN : Amicus Learning, 2025. | Series: Curiosidad por las criaturas míticas | Includes index. | Audience: Ages 6–9 | Audience: Grades 2–3 | Summary: "Do giants have magic powers? Learn about the Greek and Norse mythology surrounding giants in this Spanish question-and-answer book for elementary readers. Translated into North American Spanish. Includes infographics, table of contents, glossary, and index"— Provided by publisher.
Identifiers: LCCN 2024025016 (print) | LCCN 2024025017 (ebook) | ISBN 9798892003261 (library binding) | ISBN 9798892003322 (paperback) | ISBN 9798892003384 (ebook)
Subjects: LCSH: Giants (Folklore)—Juvenile literature.
Classification: LCC GR560 .K3618 2025 (print) | LCC GR560 (ebook) | DDC 398.21—dc23/eng/20240620
LC record available at https://lccn.loc.gov/2024025016
LC ebook record available at https://lccn.loc.gov/2024025017

Créditos fotográficos: Adobe Stock/furyon, 18–19, Massimo Todaro, 9; Alamy Stock Photo/Chris Hellier, 15; Dreamstime/Galexi, 5; Freepik/ 4zevar, 9, meghla587, portada, n.style, 9, rawpixel.com, 17, redwooddigitalart, 5; Getty Images/BibleArtLibrary, 5, whitemay, 4; Shutterstock/Daniel Eskridge, 7, Michael Rosskothen, 5, Obsidian Fantasy Studio, 6; Wikimedia Commons/BenAveling, 16, George Catlin, 5, John Charles Dollman, 11, Mårten Eskil Winge, 12–13, Public Domain, 20–21

Impreso en China

CAPÍTULO UNO

¿Son reales los gigantes?

En una historia, un héroe griego y sus hombres escaparon de un gigante dándole vino hasta que se quedó dormido.

Sí y no. Tenemos **prueba** que algunas personas pueden crecer super alto. Se les puede llamar gigantes. Pero nadie vivo ha visto gigantes de **leyendas**, como los Gigantes de los **mitos** griegos o los Jotun de los mitos nórdicos. Sin embargo, ¡hay gigantes en muchas historias!

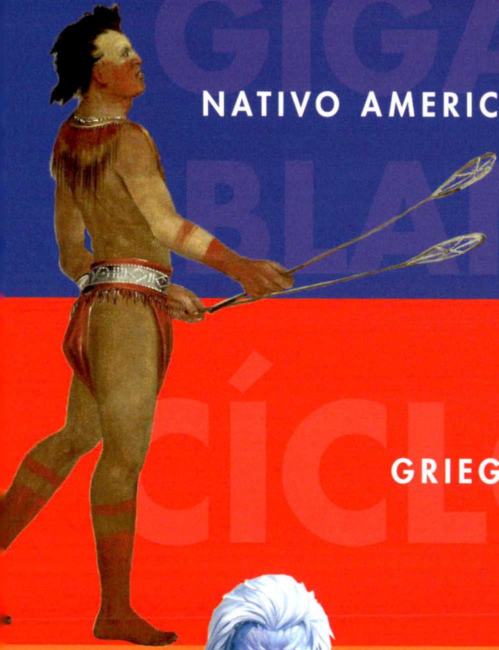

NATIVO AMERICANO (CHOCTAW): GIGANTES BLANCOS

GRIEGO: CÍCLOPE

NÓRDICO: JOTUN

GRAN BRETAÑA: GOGMAGOG

CRISTIANO: GOLIAT

¿Qué aspecto tienen los gigantes?

En algunas historias, hay gigantes hechos de piedra. Pueden confundirse con las montañas.

Humanos, normalmente. Pero grandes. Son fuertes, con músculos enormes. En los mitos griegos, algunos tienen serpientes por piernas. Algunos tienen seis brazos o cien manos. Otros sólo tienen un ojo. Algunos están hechos de roca. Uno se formó a partir de hielo derretido. Llevan **armaduras** o pieles de animales. La mayoría de los gigantes dan miedo.

Un cíclope es un gigante con un solo ojo en los mitos griegos y romanos.

¿Qué tamaño tienen los gigantes?

Los gigantes son más grandes que los humanos normales. Algunos parecen saltamontes. Otros son sólo un poco más altos que la mayoría de la gente. En los mitos nórdicos, un gigante era más grande que la Tierra. Su cuerpo se convirtió en los mundos.

Ymir era el mayor gigante de los mitos nórdicos.

COMPARACIÓN DE TAMAÑOS

Alturas posibles de gigantes famosos

¿Tienen los gigantes poderes mágicos?

En los mitos, un gigante suele ser como un dios. Normalmente están estrechamente ligados a lugares. Algunos incluso obtienen su poder de la Tierra. Algunos crearon tierras. Un cíclope es un gigante que puede hacer rayos y armas mágicas.

Un gigante de los mitos nórdicos usa una espada llameante.

¿Cuánto viven los gigantes?

Algunos viven tanto como los humanos. Pero pueden tener vidas más cortas. Se meten en peleas. Algunos mueren. De otros se dice que viven para siempre. En una leyenda, el corazón de un gigante es de hielo. La bondad de una chica ayuda a derretir su corazón. Entonces se convierte en un hombre normal.

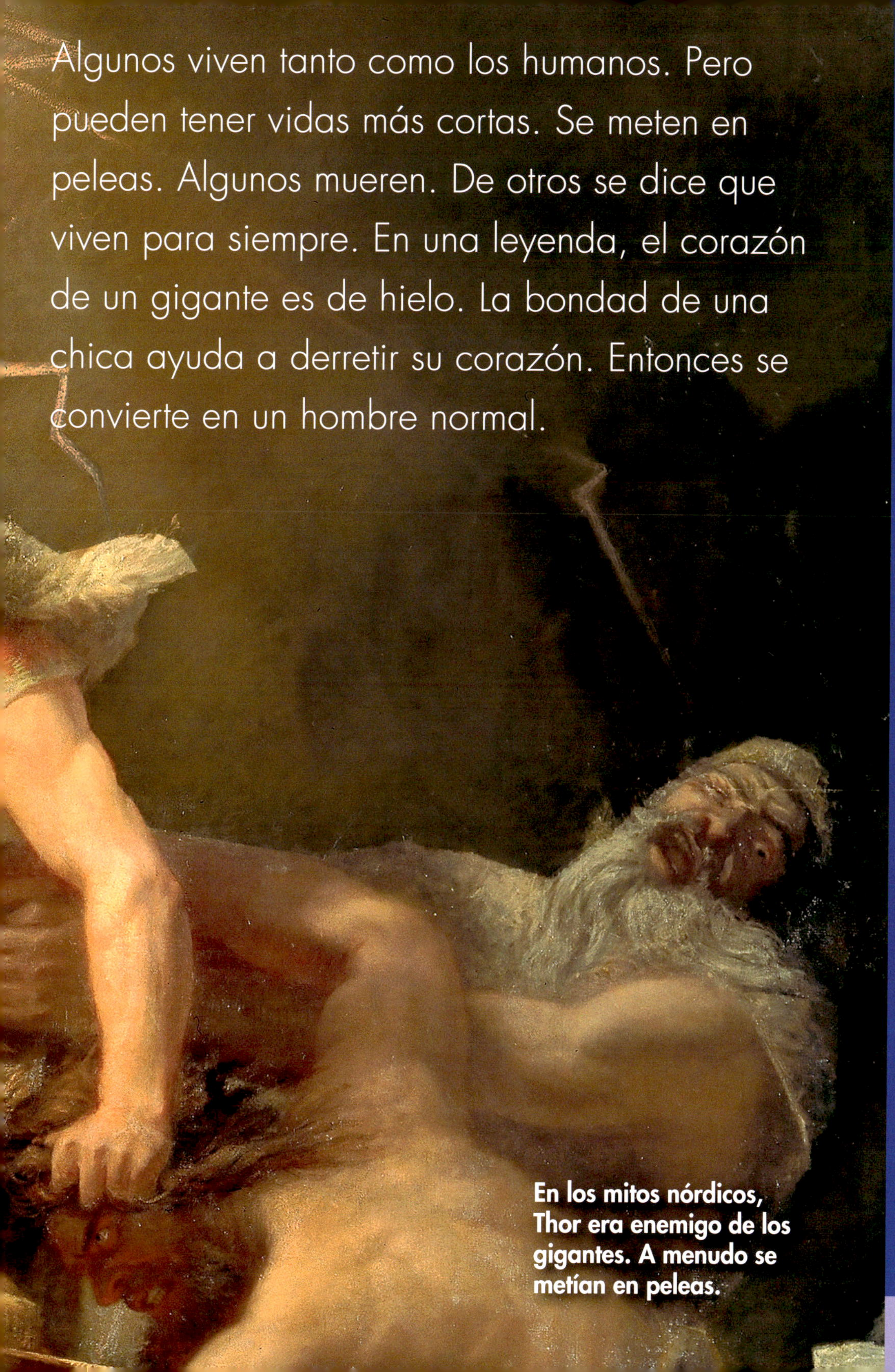

En los mitos nórdicos, Thor era enemigo de los gigantes. A menudo se metían en peleas.

¿Son amistosos los gigantes?

Normalmente no. En la mayoría de las leyendas, se sabe que los gigantes se comen a la gente. En algunos mitos, "gigante" viene de una palabra que significa "**devorador**". Por lo menos, los gigantes son peligrosos cerca de los humanos. Podrían pisar a alguien sin darse cuenta.

En muchas leyendas, los gigantes luchan contra los humanos sin motivo.

CAPÍTULO TRES

¿Dónde viven los gigantes?

El monte Etna es un volcán activo de Italia. Algunos creen que allí viven gigantes.

En todo el mundo. La mayoría de las culturas tienen historias sobre gigantes que viven allí. Pero los gigantes suelen vivir en lugares salvajes, sin reglas. Viven en montañas o en cuevas. Se dice que algunos están bajo volcanes. Cuando se mueven, la Tierra tiembla.

¿Qué le duele a un gigante?

Hay que ser muy valiente para enfrentarse a un gigante.

Algunos tienen la piel como la roca. ¡Los gigantes son duros! Pero una honda o flechas han funcionado en el pasado. La gente puede alejarse lo suficiente para no ser aplastada. En algunos mitos, mostrarles un poco de amabilidad primero funciona mejor.

¿Qué otra cosa podrían ser los gigantes?

¡Quizá sólo sean personas altas! Algunas personas nacen con **gigantismo**. Esto les hace crecer más rápido que los demás. Algunos guerreros de la antigüedad eran fuertes y feroces. Sus enemigos pensaban que parecían más grandes de lo que realmente eran. O la gente encontraba huesos grandes. Pensaron que debían ser de gigantes.

¿LO SABÍAS?

Hay enormes monumentos en todo el mundo. No estamos seguros de cómo se construyeron. Algunos creen que los hicieron los gigantes.

Con 2,72 m de estatura, Robert Wadlow fue la persona más alta de la historia.

HAZ MÁS PREGUNTAS

¿Qué historias ha contado la gente sobre gigantes?

¿Quiénes eran algunos gigantes famosos en las leyendas?

Prueba con una GRAN PREGUNTA:
¿Por qué cree la gente que los gigantes eran reales?

BUSCA LAS RESPUESTAS

Busca en el catálogo de la biblioteca o en el internet.
Pueden ayudarte tus padres, un bibliotecario o un maestro.

Usar palabras clave
Busca la lupa.

Las palabras clave son las palabras más importantes en tu pregunta.

Si quieres saber sobre:

- gigantes en leyendas, escribe: LEYENDAS DE GIGANTES
- otros mitos griegos, escribe: MITOLOGÍA GRIEGA

GLOSARIO

armadura Una cubierta para proteger algo.

devorador Alguien que come con avidez.

gigantismo Una condición en la que alguien crece a un tamaño mucho mayor que el promedio.

leyenda Una historia del pasado que puede o no ser cierta pero que no se puede comprobar.

monumento Una piedra, estatua o edificio para marcar algo.

mito Una idea o historia en la que cree mucha gente pero que no es cierta.

prueba Hechos o evidencia que demuestran que algo es cierto.

ÍNDICE

Acerca de la autora

Gina Kammer creció escribiendo e ilustrando sus propias historias. Ahora enseña a otros a escribir historias en inkybookwyrm.com. Le gusta leer literatura fantástica y medieval. También le gusta viajar, pintar al óleo, el tiro con arco y acurrucar a su conejito gruñón. Vive en Minnesota.